ROSE MARIE DONHAUSER

1 ZUTAT
25 REZEPTE

Koch mit INGWER

EMF

EIN BUCH DER
EDITION MICHAEL FISCHER

INHALT

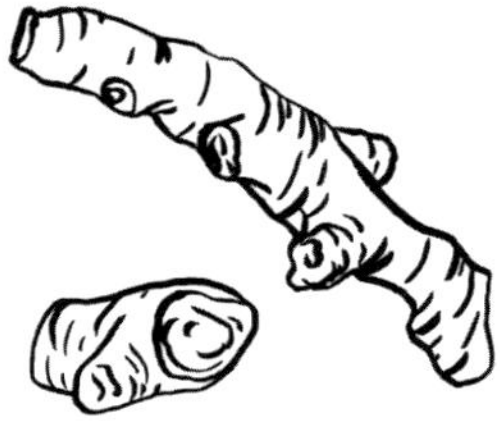

13

37

45

45

INGWER

aus der Apotheke der Natur

Wer keine Zwiebeln und keinen Knoblauch mag, greift gerne zu Ingwer. Dieser schmeckt zwar völlig anders, wird aber oftmals wegen des „lästigen" Knoblauchgeruchs oder „zwiebeligen" Geschmacks vorgezogen. Im Kochtopf und in der Pfanne schmeckt Ingwer wunderbar, sollte aber auch öfter frisch verzehrt werden, aufgrund seiner gesunden Eigenschaften: Herz und Kreislauf werden angekurbelt, der Blutdruck sowie der Cholesterinspiegel mithilfe der Pflanzenkraft auf natürliche Weise gesenkt.

Erst in den letzten 20 Jahren kam das Gewürz Ingwer aus der süßen Backnische zunehmend auch in der pikanten Küche zum Vorschein. Jedoch nicht getrocknet und pulverisiert, wie er bis dahin erhältlich war, sondern frisch als Rhizom – und nicht als Wurzel, wie wir Ingwer fälschlicherweise oft benennen.

Die internationale gesunde frische Küche mit der Wunderpflanze machte uns mit dem asiatischen Allroundtalent bekannt. Supermärkte hatten mit der Zeit Ingwer genauso in der Gemüseabteilung wie Knoblauch und Zwiebeln. Und plötzlich hielt frischer Ingwer querbeet Einzug auf unsere Teller und in unsere Gläser, natürlich immer mit dem kulinarischen Asia-Kick.

Bei heißen Temperaturen bewirkt eine selbstgemachte eiskalte Ingwer-Limetten-Limonade (Rezept Seite 13) wahre Erfrischungswunder von innen und außen. Im Winter wärmt genau diese Pflanze im heißen Ingwer-Zitronen-Tee (Rezept Seite 15) wohltuend unser fröstelndes Inneres. Nach jedem Schluck spürt man eine langanhaltende leichte Schärfe, die nur Gutes in uns auslöst.

Rose Marie Donhauser

INGWER (ZINGIBER OFFICINALE)

Die geweihartig aussehenden Rhizome, Wurzelstöcke der tropischen Ingwerstaude aus der Familie der Ingwergewächse, sind ein Gewürz, das international einen sehr hohen Stellenwert hat.

Vornehmlich wurde es in der asiatischen Küche verwendet, aber die englischen Kolonialherren in Indien fanden großen Gefallen an diesem Gewürz und exportierten es im großen Stil nach England. Ginger, wie er dort genannt wird, ist für viele Biersorten, Gelees, Marmeladen, Chutneys und Relishes, aber auch für Lamm- und Geflügelgerichte, Desserts, Kuchen und Milchreis eine unabdingbare Zutat.

Ursprüngliche Heimat ist das tropische Südasien. Arabische Gewürzhändler brachten Ingwer schon im Altertum nach Europa. Heutzutage wird Ingwer weltweit von Japan, Indien (50 % des Weltanbaus), Australien, Westindien bis hin zu Hawaii angebaut.

INGWER-SALZ

Ein Bio-Ingwer-Rhizom mit einer Bürste unter fließend kaltem Wasser gründlich schrubben und trocken reiben. Auf einem Gemüsehobel grob oder fein raspeln und zusammen mit der zwei- bis dreifachen Menge Salz in ein Schraubglas füllen. Im Kühlschrank hält diese Ingwer-Salz-Mischung bis zu 3 Monate – und ist jederzeit zum Würzen schnell zur Verfügung.

VERWENDUNG UND GESCHMACK

Im Geruch zwar scharf und würzig, im Geschmack leicht beißend (die Schärfe des Ingwers ist auf ein nichtflüchtiges Harz zurückzuführen), aber doch wieder mild-aromatisch und sogar fruchtig. Ingwer ist Bestandteil von vielen internationalen Gewürzmischungen wie z. B. indischem Tandoori-Gewürz, indonesischen Currypasten oder der klassischen französischen Gewürzmischung „quatre épices" (Ingwer, Muskatnuss, Gewürznelken, Pfeffer). Die Komponenten werden miteinander fein vermahlen. Mit dieser feinen Vier-Gewürze-Mischung werden Eintöpfe, Ragouts, Würste und Pasteten gewürzt, die länger kochen müssen. Auch die Likörindustrie verwendet destilliertes Ingweröl. Für Naschkatzen sind kandierte Ingwerstücke, mit und ohne Schokolade, ein Leckerbissen.

Besonderheiten: In arabischen Ländern spielt Ingwer keine große Rolle. Interessanterweise ist aber im Koran über Ingwer zu lesen, als einer der beiden Düfte im Paradies. Die Seligen trinken aus dem Brunnen „Salsabil", mit Ingwer gewürztes Wasser.

LAGERUNG ZU HAUSE

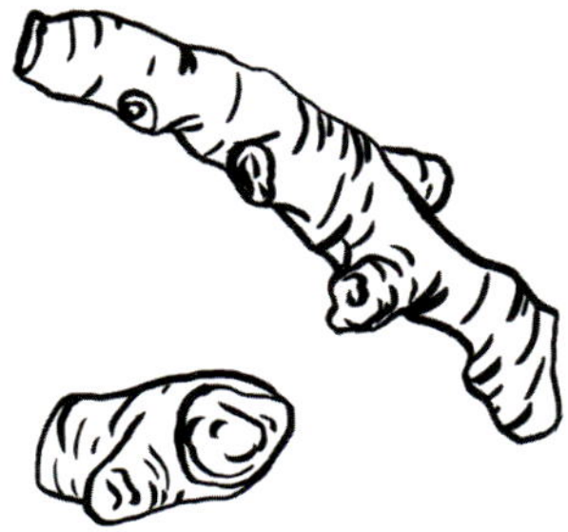

Die frischen stärkereichen Rhizome halten sich gut verpackt im Kühlschrank einige Wochen. Getrockneter und gemahlener Ingwer ist luftdicht, trocken und dunkel gelagert im Gewürzschrank einige Monate haltbar. Grundsätzlich sollte man frischen Ingwer verwenden. So richtig frisch heißt auch, dass beim Anschneiden oder Reiben das Fruchtfleisch saftig ist. Ingwerpulver ist kein Ersatz, denn es schmeckt völlig anders. „Die unbehandelte Hand", also die frischen, nicht geschälten Wurzelstöcke lagern hervorragend für längere Zeit im feuchten Sand.

GESUND MIT INGWER

In der sanften Medizin ist Ingwer bekannt für die Durchblutungsförderung, er wirkt herzstärkend, hilft bei Blähungen sowie Verdauungsstörungen und senkt den Cholesterinspiegel. Ingwer „wärmt die Mitte", er regt den Gallenfluss an und hilft, belastende Stoffe aus dem Körper auszuleiten. Zudem hilft Ingwer gegen Übelkeit, durch die scharfmachenden Substanzen werden mehr Verdauungsenzyme ausgeschüttet. Ingwer gilt als desinfizierend und entzündungshemmend. Er hilft bei Reisekrankheit und gilt als schleimlösend bei Erkältungen. Bei Grippe fördern Gingerole und Shogaole das Schwitzen und unterstützen das Immunsystem.

Doch auch hier gilt: Zuviel ist eben zu viel. Es wird empfohlen, pro Tag nicht mehr als 5 g Ingwerpulver oder 50 g frischen Ingwer zu verzehren. Irritationen im Mundbereich, Sodbrennen oder Durchfall können sich bei erhöhtem oder übertriebenem Verzehr bemerkbar machen. Moderat und regelmäßig hingegen, unterstützt die homöopathische Dosis die Gesundheit.

ZU HAUSE INGWER PFLANZEN

Ein Ingwer-Rhizom in genügend Pflanzenerde in einem (Blumen-) Tontopf einpflanzen. Am besten im Frühjahr auf die Terrasse oder auf den Balkon stellen, im Winter in ein warmes Zimmer. Regelmäßig feucht halten. Bis zur Ernte dauert es über 8 Monate, jedoch ist es schön, der Pflanze beim Gedeihen zuzuschauen.

DIE UNBEHANDELTE HAND

Jeder kennt es, man kauft frischen Ingwer und betrachtet den verzweigten Wurzelstock (Rhizom) mit der Frage, wie kann ich dieses Geflecht am sinnvollsten schälen? Ein Sparschäler funktioniert zum Teil, aber mit einem Löffel oder Messer geht es besser, die dünne Schalenhaut abzuschaben. Frischer saftiger Ingwer kann ruhig noch etwas von der pergamentdünnen Schale bei der

INGWER-VERWANDTSCHAFT

Nahe Verwandte des Ingwers sind der große und der kleine Galgant.

Die Galgantpflanze aus der Familie der Ingwergewächse ist eine mehrjährige, robuste Staude, die ihren Ursprung in Indonesien hat. Dabei werden nicht die Blätter verwendet, sondern der Wurzelstock, das Rhizom, welches aus kreisförmigen Teilen besteht und unter der dünnen bräunlichen Haut sahnig weißes Fruchtfleisch enthält. Besonders in der thailändischen, indonesischen, malaysischen Küche ist der große Galgant (Alpinia galanga) auch unter den Namen Laos, Siam-Ingwer, Thai-Ingwer oder Galangal bekannt und ein wichtiges Gewürz. Der kleine Galgant (Alpinia officinarum), ein Mitglied der Ingwerfamilie, daher auch „aromatischer Ingwer" genannt, ist mit dem großen Galgant (Alpinia galanga) eng verwandt. Diese Pflanze wird hauptsächlich in Südchina verwendet, aber nicht für die Küche, sondern in der Heilbehandlung. Außerhalb Chinas gibt es ihn nur getrocknet in Scheiben, die dann im Mörser zerstoßen oder im Mixer püriert werden müssen. Für die Küche ist der kleine Galgant vernachlässigbar.

Weiterverwendung aufweisen. Älterer Ingwer hat viele holzige Stellen, die auf alle Fälle wegen Geschmacksveränderung entfernt oder überhaupt nicht verwendet werden sollten. Grundsätzliche Empfehlung ist, frischesten Bio-Ingwer zu kaufen, diesen mit einer Gemüsebürste unter fließend kaltem Wasser zu waschen und bürsten. Fertig. Je nach Gebrauch den Ingwer in Scheibchen schneiden, fein würfeln. oder auf einer Gemüsereibe fein reiben oder schaben.

Hinweis für die Portionsangaben von Ingwer: Ein Ingwerrhizom wiegt ungefähr 150 g. Je nachdem, welches Aussehen das Geflecht hat, wird einfach davon abgeschnitten. Grammweise, in Zentimetern abgemessen oder als daumengroßes Stück – die Angaben können wechseln, je nach Rezept.

REZEPTE

ERFRISCHEND
& GESUND

INGWER-LIMETTEN-
Limonade

Zweierlei Zubereitungsweisen für Limonade. Eine mit Vorarbeit für einen Sirup – und eine zweite für eine „spontane" Limonade.

ZUTATEN

8 Bio-Limetten

50 g Bio-Ingwer

500 g Zucker

ZUBEREITUNG

Die Limetten waschen, eine davon abtrocknen und die Schale fein abreiben. Alle Limetten zu Saft auspressen. Vom Ingwer mit einem Teelöffel die Schalenhaut abschaben und das Fruchtfleisch in Scheibchen schneiden.

In einem Topf 500 ml Wasser mit dem Zucker verrühren und aufkochen. Den Ingwer einrühren und das Ganze unter weiterem Rühren einige Minuten offen köcheln lassen.

Den Topf vom Herd nehmen, den Limettensaft und -abrieb einrühren und bei Zimmertemperatur vollständig abkühlen lassen. Anschließend durch ein Haarsieb passieren, in Flaschen abfüllen und in den Kühlschrank stellen.

SERVIERTIPP

In ein Glas Eiswürfel geben, nach Geschmack 1 bis 2 Esslöffel Sirup darüberträufeln und mit Leitungs- oder Mineralwasser aufgießen.

VARIANTE: SPONTANE LIMONADE

Ein paar frische Ingwerscheiben mit 1 Esslöffel Zucker sowie dem Saft von 1 Limette in ein Glas geben. Mit sehr kaltem Wasser aufgießen und nach Geschmack mit Minzeblättchen dekorieren.

TIPP

Damit Honig nicht nur süßt, sondern auch seine Inhaltsstoffe behält, diesen erst bei trinkfähiger Temperatur hinzufügen.

FÜR 2 GLÄSER Á 250 ML

INGWER-ZITRONEN-Tee

Einmal heiß und einmal kalt. Zweimal anders zubereitet.

ZUTATEN

1 kleines Stück Ingwer (3 cm)

1 Zitrone

1 EL Honig

VARIANTE:

300 ml kalter Schwarztee

1 kleines Stück Ingwer (3 cm)

Saft von 1 großen Orange

1–2 EL Zucker nach Geschmack

4–6 Eiswürfel zum Servieren

etwas Zitronenmelisse zum Garnieren

ZUBEREITUNG

Den Ingwer waschen, in Scheibchen schneiden und in ein Gefäß legen. Mit 500 ml siedend heißem Wasser begießen und etwa 15 Minuten ziehen lassen.

In der Zwischenzeit die Zitrone auspressen. Das Ingwer-Wasser mit dem Zitronensaft und Honig verrühren und durch ein Sieb in zwei Gläser oder Tassen füllen.

VARIANTE: EISTEE MIT ORANGE

Etwa 300 ml Schwarztee kochen und abkühlen lassen. Den Ingwer schälen und in schmale Streifen schneiden. Den kalten Schwarztee und den Saft einer O-ange mit den Ingwerstreifen verrühren und mit 1–2 Esslöffel Zucker süßen. Zwei Gläser mit 4–6 Eiswürfeln befüllen und den Tee darübergießen. Anschließend mit Zitronenmelisse garnieren.

Eingelegte Ingwerscheiben „GARI"

Zu Sushi wird süß-sauer eingelegter Ingwer, im Japanischen „Gari" genannt, serviert. Diese Ingwerscheibchen schmecken auch zu anderen Reisgerichten mit Fisch sehr gut.

ZUTATEN

150 g Ingwer (1 Rhizom)
1 EL Salz
300 ml Reisessig
200 g Zucker

ZUBEREITUNG

Den Ingwer schälen und in hauchdünne Scheibchen schneiden. In einer Form auslegen, mit Salz bestreuen und etwa 1 Stunde ruhen lassen. Anschließend die Ingwerscheibchen zwischen zwei Lagen Küchenpapier trocknen und in ein Glasgefäß geben.

Den Reisessig mit Zucker in einem Topf verrühren und aufkochen. Noch heiß über die Ingwerscheibchen gießen, bis alles bedeckt ist.

Bei Zimmertemperatur abkühlen lassen, das Glasgefäß luftdicht verschließen und in den Kühlschrank stellen.

TIPP

Die Ingwerscheibchen färben sich beim Überbrühen mit dem Reisessig-Zucker leicht rosa. Der eingelegte Ingwer hält sich einige Monate im Kühlschrank.

TIPP

Es gibt einen „Grapefruitlöffel", der an einer Seite leicht geritzt ist. Ein idealer Küchenhelfer zum Abschaben der Ingwerschale.

STÄRKT DAS
IMMUNSYSTEM

FÜR 500 ML

INGWERSAFT
mit Zitrone

Dieser Saft entsteht durch das Pürieren von Ingwer und wird homöopathisch pur getrunken (2–3 cl), was ein bisschen scharf sein könnte – wer das nicht mag, trinkt ihn besser mit genügend Wasser verdünnt.

ZUTATEN

etwa 50 g Ingwer

Saft von 1 Zitrone

1–2 EL Zucker nach Geschmack

ZUBEREITUNG

Den Ingwer schälen, grob zerkleinern und mit Zitronensaft mit einem Pürierstab fein pürieren. Mit 500 ml siedend heißem Wasser begießen und einige Stunden, am besten über Nacht, abgedeckt ziehen lassen. Nach Geschmack mit Zucker verrühren und kalt in kleinen Mengen (2–3 cl) oder aufgefüllt mit Wasser genießen.

VARIANTE: INGWEREISWÜRFEL MIT MINZE

In einen Eiswürfelbehälter in jedes Fach ein frisches Minzeblatt legen und mit etwa 500 ml kaltem zubereitetem Ingwersaft auffüllen. Zum Servieren 1 bis 2 Ingwer-Minze-Eiswürfel in ein hohes Wasserglas geben und mit viel Wasser aufgießen.

TIPP

1 Esslöffel Ingwersaft mit kalter Milch aufgießen. Nach Belieben mit einem Hauch gemahlenem Zimt oder Kardamom bestäuben.

APFEL-INGWER-Smoothie

Mit diesem Frühstücks- und Power-Drink wird jeder hellwach.

ZUTATEN

2 Granny-Smith-Äpfel

½ Bio-Salatgurke

1 kleines Stück Ingwer (3 cm)

150 ml kalter grüner Tee

Nach Belieben: 1 Möhre

ZUBEREITUNG

Die Äpfel waschen, vierteln, entkernen und klein schneiden. Die Salatgurke sowie den Ingwer gründlich waschen und mit Küchenpapier trocken reiben.

Die Gurke längs halbieren und zusammen mit dem Ingwer etwas kleiner schneiden.

Die vorbereiteten Zutaten mit grünem Tee im Mixer kräftig pürieren. Nach Belieben die Möhre schälen, längs vierteln und diese Möhrenviertel zum Umrühren in die Gläser stecken.

TIPP

Bei Bio-Zutaten die Schalen von den Äpfeln, der Gurke sowie dem Ingwer nicht entfernen. So geben sie dem Smoothie mehr Farbe und Würze.

VITAMINREICH
UND
ENTGIFTEND

INGWER-WÄSSERCHEN
und Glühwein

Detox heißt entgiften. Im Prinzip meint es jedoch, dass der Körper einen ordentlichen Vitaminkick bekommt – als Ausgleich für manch andere ungesunde Mahlzeit.

ZUTATEN

1 kleines Stück Ingwer (3 cm)

2 Knoblauchzehen

Saft von 1 Limette

ZUBEREITUNG

Ingwer und Knoblauch schälen und fein hacken. In ein hitzebeständiges Gefäß geben und mit 1 l siedend heißem Wasser aufgießen. Abkühlen lassen, Limettensaft einrühren und einige Stunden ziehen lassen. Das Ingwerwässerchen hält sich im Kühlschrank 1 bis 3 Tage.

VARIANTE: AROMATISIERTES WASSER

In einer Wasserkaraffe klein geschnittenen Ingwer mit frischem Leitungswasser oder Mineralwasser auffüllen. Wer will, kann noch zusätzlich 1 Zitronengrasstängel oder Zitronen- bzw. Limettenscheiben hinzufügen. Da die frischen Aromazusätze im Wasser ausgelaugt werden, ausschließlich Bio-Ware verwenden.

TIPP

Glüh-Weißwein herstellen: Dazu 1 Flasche trockenen Weißwein (0,75 l) mit 2 bis 3 Esslöffeln Ingwer-Limonadensirup (Rezept Seite 13) unter Rühren erhitzen. Nach Belieben etwas Bio-Zitronenschale mitköcheln lassen.

Glüh-Rotwein herstellen: Dazu 1 Flasche trockenen Rotwein (0,75 l) mit 1 Zimtstange, 1 Esslöffel frisch geschnittenem Ingwer und etwas Bio-Orangenschale erhitzen. Nach Geschmack mit Kandiszucker süßen.

Orangensalat MIT INGWERDRESSING

Ein fruchtiges Gaumenerlebnis zum Auftakt als Vorspeise oder auch als Zwischengang, zur Erholung bei Völlegefühl.

ZUTATEN

2 saftige Orangen

1 kleines Stück Ingwer (3 cm)

2 EL Olivenöl

1 TL Honig

Salz

schwarzer Pfeffer aus der Mühle

1 Prise Rosenpaprikapulver

Nach Belieben: frische Minzeblättchen

ZUBEREITUNG

Die Orangen so schälen, dass auch die weiße Haut entfernt wird. Mit einem scharfen Messer zwischen den Hautsegmenten Orangenfilets herausschneiden.

Die Ingwerwurzelstöcke schälen und auf einer Küchenreibe fein reiben. Zusammen mit Olivenöl und Honig verrühren. Mit Salz, Pfeffer und Rosenpaprika würzen.

Die Orangenfilets in zwei tiefen Tellern kreisförmig anrichten und mit dem Dressing beträufeln. Nach Belieben mit Minzeblättchen garnieren.

TIPP

Ein ganzes Ingwer-Rhizom waschen, schälen, fein hacken und portionsweise für pikante Gerichte einfrieren. Für Tees und Getränke den Ingwer in Scheibchen schneiden und portionsweise einfrieren.

TIPP

Ras el Hanout ist eine trockene Gewürzmischung aus Nordafrika, die nach „Art des Chefs“ (oder des Ladens, wie Ras el Hanout übersetzt wird), zusammengemischt wird. Der Ingweranteil kann nach Belieben erhöht werden.

COUSCOUSSALAT
mit Ras el Hanout

Wahre „Ginger-Lovers" können den Salat zusätzlich mit frisch geraspeltem Ingwer bereichern.

ZUTATEN

150 g Couscous

4 EL Olivenöl

1 kleines Bund Minze

250 g Tomaten

4 kleine süße Aprikosen

1 Bio-Zitrone

Salz

schwarzer Pfeffer aus der Mühle

1 kräftige Prise Ras el Hanout

ZUBEREITUNG

Den Couscous in eine Schüssel geben und mit 150 ml siedend heißem Salzwasser begießen. Etwa 6 bis 7 Minuten ziehen lassen und dann 1 Esslöffel Olivenöl unterrühren.

Die Minze waschen, die Blättchen abzupfen und in Streifen schneiden. Die Tomaten waschen, vierteln, entkernen und in Würfel schneiden. Die Aprikosen waschen, halbieren, entsteinen und in kleine Stücke schneiden.

Den Couscous mit Minze, Tomaten und Aprikosen vermengen. Mit dem Saft einer Zitrone, etwas Zitronenabrieb sowie mit 3 Esslöffel Olivenöl vermengen und mit Salz, Pfeffer sowie Ras el Hanout würzen. Kurz durchziehen lassen und genießen.

GEWÜRZMISCHUNG RAS EL HANOUT

ZUTATEN

5 Gewürznelken

15 schwarze Pfefferkörner

¼ TL Kreuzkümmelsamen

1 TL gemahlene Kurkuma

½ TL gemahlener Ingwer

¼ TL gemahlene Muskatblüte

¼ TL gemahlener Zimt

ZUBEREITUNG

Alle Gewürze im Mörser vermengen und dabei die Gewürznelken, Pfefferkörner und die Kreuzkümmelsamen mit dem Stößel kräftig zerstoßen.

FÜR 2 PORTIONEN

Roher SAUERKRAUTDIP

Für die vegane Variante kann statt Naturjoghurt Sojajoghurt verwendet werden. Zusätzlich frisch gehackte Petersilie oder Schnittlauch beimischen.

ZUTATEN

1 daumengroßes Stück Ingwer

300 g rohes Sauerkraut

150 g Naturjoghurt

Salz

schwarzer Pfeffer aus der Mühle

Cayennepfeffer

ZUBEREITUNG

Den Ingwer schälen und fein reiben. Das rohe Sauerkraut fest ausdrücken und fein hacken.

Ingwer und Sauerkraut mit Joghurt verrühren. Mit Salz, Pfeffer und Cayennepfeffer würzen.

TIPP

Schmeckt gut mit Walnussbrot oder saftigem Vollkornbrot.

FÜR 1 SCHRAUBGLAS (ETWA 250 ML INHALT)

WÜRZPASTE
aus Bali

Diese „Base Gede“, wie die Würzpaste auf Bali genannt wird, gehört zur Vorratshaltung. Ein Schraubglas mit frisch hergestellter Paste, luftdicht verschlossen, hält sich im Kühlschrank einige Wochen.

ZUTATEN

5 Schalotten

5 Knoblauchzehen

1 Stück Ingwer (5 cm)

2 frische rote Pfefferschoten

2 kleine rote Chilischoten

1 TL Koriandersamen

1 TL schwarze Pfefferkörner

1 EL brauner Zucker

4 EL Erdnussöl

ZUBEREITUNG

Schalotten, Knoblauch und Ingwer schälen und fein hacken. Pfeffer- und Chilischoten waschen, trocken tupfen, längs halbieren und fein würfeln. Alles zusammen mit Koriandersamen, Pfefferkörnern und Zucker in einem Mixgerät oder mit dem Pürierstab fein pürieren.

Das Erdnussöl in einer Pfanne erhitzen, darin das Püree etwa 5 Minuten anrösten. Die Paste in ein Schraubglas füllen, abkühlen lassen und erst dann verschließen.

TIPP

Diese scharfe Würzpaste passt eigentlich zu allem, besonders zu asiatischen Wok- und Pfannengerichten. Wem sie zu scharf sein sollte, mit Joghurt, Kokosmilch und Zucker „löschen“.

WÄRMT IN
DER KALTEN
JAHRESZEIT

FÜR 2 GROßE PORTIONEN

KÜRBIS-KOKOS-SUPPE

Kürbis, ob nun Hokkaido, Butternut, Muskatkürbis oder eine andere individuelle Lieblingssorte, schmeckt aromatisiert und gewürzt mit Ingwer besonders gut. Ob angedünstet oder frisch zum Servieren.

ZUTATEN

500 g Kürbisfruchtfleisch (z. B. Butternut)

2 Knoblauchzehen

1 Zwiebel

1 EL Butter

300 ml Gemüsebrühe

Salz

schwarzer Pfeffer aus der Mühle

1 Prise Currypulver

200 ml Kokosmilch

1 kleines Stück Ingwer (3 cm)

ZUBEREITUNG

Den Kürbis waschen, zerteilen, schälen, Kerne entfernen und das Fruchtfleisch in Würfel schneiden. Knoblauchzehen und Zwiebel schälen und fein würfeln.

Die Butter in einem Topf heiß schäumend erhitzen und darin Zwiebeln und Knoblauch anschwitzen. Kürbisstücke einstreuen, alles einige Minuten anschwitzen lassen und mit Gemüsebrühe ablöschen. Salzen, pfeffern und mit Currypulver würzen. Mit Kokosmilch aufgießen und bei mittlerer Hitze etwa 20 Minuten köcheln lassen.

Den Ingwer waschen, schälen und fein reiben. Die Suppe pürieren, nochmals abschmecken und den frischen Ingwer einrühren.

TIPP

Wenn die Suppe flüssiger sein soll, einfach am Schluss 100 ml Apfel- oder Orangensaft in die Suppe rühren. Schmeckt toll fruchtig und passt sehr gut zu Ingwer und Kokosnuss.

MÖHRENSUPPE
mit Ingwer

Zum Servieren etwas Möhrengrün fein hacken und auf die Suppe streuen. Zusätzlich etwas frischen Ingwer darüberreiben.

ZUTATEN

500 g Möhren

1 Knoblauchzehe

1 kleines Stück Ingwer (3 cm)

1 EL Butter

1 Prise Currypulver

¾ l Gemüsebrühe

Salz

schwarzer Pfeffer aus der Mühle

2–3 EL Orangensaft

ZUBEREITUNG

Die Möhren waschen, schälen und in Scheiben schneiden. Den Knoblauch und den Ingwer schälen und fein würfeln. Die Butter in einem Topf erhitzen und darin Knoblauch und Ingwer kurz anbraten. Die Möhren hinzufügen, mit Currypulver würzen und mit Gemüsebrühe aufgießen. Bei mittlerer Hitze etwa 15 Minuten köcheln lassen. Die Suppe mit Salz und Pfeffer würzen und mit einem Pürierstab cremig pürieren. Nochmals abschmecken und mit Orangensaft verfeinern.

TIPP

Fertige Bio-Ingwer-Konfitüre eignet sich hervorragend zur Geschmacksabrundung von vielen Cremesuppen. 1 bis 2 Teelöffel in die fertige Suppe rühren und guten Appetit.

STAUB
COCOTTE

FÜR 2 PORTIONEN

INGWER-REIS
mit Paprika

Abgepackt gibt es Paprikaschoten in Ampelfarben: rot, gelb und grün. Grüne Paprikaschoten sind unreif, rote und gelbe dagegen reif. Die grünen schmecken eher neutral, die roten leicht süßlich und die gelben fruchtig.

ZUTATEN

1 daumengroßes Stück Ingwer

2 Paprikaschoten

2 EL Pflanzenöl

200 g Langkornreis

Salz

schwarzer Pfeffer aus der Mühle

1 Prise Chilipulver

600 ml Gemüsebrühe

ZUBEREITUNG

Den Ingwer schälen und fein würfeln. Die Paprikaschoten waschen, entkernen und in kleine Würfel schneiden.

Den Backofen auf 200 °C Ober-/Unterhitze (Umluft 180 °C) vorheizen. In einem Bräter das Pflanzenöl erhitzen und darin die Ingwer- und Paprikawürfel anschwitzen.

Den Reis einstreuen, unter Rühren einige Minuten braten und alles mit Salz, Pfeffer und Chilipulver würzen.

Den Bräterinhalt mit Gemüsebrühe übergießen und aufkochen lassen. Dann den Bräter in den vorgeheizten Backofen stellen und den Ingwer-Reis etwa 30 Minuten garen.

VARIANTE

Den Ingwer mit zusätzlichen Schinken- oder Speckwürfeln braten.

TIPP

Der Reis schmeckt kalt auch sehr gut. Als Beilage eignet sich der Ingwer-Reis zu Grillgerichten wie Fisch und Fleisch.

GESUNDER
SNACK

FÜR 2 PORTIONEN

SÜßKARTOFFELN
aus dem Backofen

Die süß schmeckenden Kartoffeln sind auch unter dem Namen Bataten bekannt. Die bräunlich, orange bis weißlich aussehenden Pflanzenknollen vertragen sich äußerst gut mit Ingwer.

ZUTATEN

600 g Süßkartoffeln

1 daumengroßes Stück Ingwer

3 EL Olivenöl

2 EL Honig

1 kräftige Prise gemahlener Kardamom

Meersalz

grob geschroteter schwarzer Pfeffer

ZUBEREITUNG

Den Backofen auf 200 °C Ober-/Unterhitze (Umluft 180 °C) vorheizen. Die Süßkartoffeln waschen, schälen und in mundgerechte Würfel schneiden.

Den Ingwer schälen und fein reiben. Zusammen mit den Kartoffelwürfeln, Olivenöl, Honig und Kardamom vorsichtig und gründlich mischen.

In eine Auflaufform füllen und mit Meersalz und Pfeffer würzen. Im Backofen etwa 25 Minuten knusprig garen. Zwischendurch einmal durchmischen.

TIPP

Diese Ofen-Kartoffeln schmecken beispielsweise sehr gut zu einem Steak oder gegrilltem Hähnchenfleisch.

FÜR 2 PORTIONEN

INGWER-HÄHNCHEN
mit Jasminreis

Dazu passt ein alkoholfreier Basilikum-Ingwer-Drink. Etwa 2 cm frischen Ingwer fein raspeln und mit 250 ml Wasser und 1 EL Zitronensaft aufkochen. Abkühlen lassen, in Gläser füllen und mit Basilikum und Eiswürfeln servieren.

ZUTATEN

400 g Hähnchenbrustfilet

Saft von 1 Bio-Limette

1 Stück Ingwer (4 cm)

150 g Jasminreis

500 ml Kokosmilch

1 Prise Zucker

Salz

2 EL Pflanzenöl

½ EL Honig

schwarzer Pfeffer aus der Mühle

1 EL Kokosraspeln

ZUBEREITUNG

Das Hähnchenbrustfilet kalt abwaschen und trocken tupfen. In gleichmäßige ½ bis 1 cm große Stücke schneiden und mit Limettensaft vermengen. Den Ingwer schälen und fein hacken. Davon ⅔ mit dem Hähnchenfleisch vermengen, mit Folie abdecken und für 30 Minuten in den Kühlschrank stellen.

Den Jasminreis in einem Sieb unter fließend kaltem Wasser gründlich waschen und abtropfen lassen. Die Kokosmilch mit restlichem Ingwer sowie Zucker und 1 Prise Salz aufkochen. Den Jasminreis einrühren und unter Rühren aufkochen lassen.

Den Topf mit einem Deckel verschließen und den Reis bei kleinster Hitze etwa 20 Minuten garen. Dabei immer wieder umrühren. Anschließend den Topf vom Herd nehmen, gut umrühren und wieder den Deckel zum Warmhalten aufsetzen.

Das Pflanzenöl in einer Pfanne erhitzen und die Fleischstücke rundherum kräftig anbraten. Den Honig darüberträufeln und die Fleischwürfel unter Schwenken in 3 bis 4 Minuten fertig braten.

Den Kokosreis mit Salz und Pfeffer abschmecken und mittig auf vorgewärmte Teller verteilen bzw. etwas auftürmen. Das Hähnchenfleisch darauf geben und mit den Kokosraspeln bestreuen.

Gefüllte Hackfleischäpfel IM BLÄTTERTEIG

Ingwer lässt sich mit Früchten wie Birnen, Aprikosen, Cranberrys, Datteln und Kokosnuss kombinieren. Oder mit Gemüse wie Rote Bete, Weißkohl, Gurke, Zucchini und vielem mehr.

ZUTATEN

1 daumengroßes Stück Ingwer

1 EL Rosinen

3 EL Orangensaft

2 EL Pflanzenöl

200 g Lammhackfleisch

Salz

schwarzer Pfeffer aus der Mühle

je 1 Prise gemahlener Zimt und Kreuzkümmel

1 Prise Cayennepfeffer

50 g Kräuter-Crème-fraîche

2 aufgetaute Blätterteigscheiben (TK)

4 kleine Äpfel

1 Eigelb

1 EL flüssige Butter

ZUBEREITUNG

Den Ingwer waschen, schälen und fein würfeln. Die Rosinen mit dem Orangensaft beträufeln. Das Pflanzenöl in einer Pfanne erhitzen und darin den Ingwer anschwitzen. Lammhackfleisch hinzufügen und unter Rühren krümelig braten. Mit Salz, Pfeffer, Zimt, Kreuzkümmel und Cayennepfeffer würzen. Créme fraîche sowie Orangen-Rosinen einrühren und die Pfanne vom Herd ziehen.

Den Backofen auf 200 °C Ober-/Unterhitze (Umluft 180 °C) vorheizen und ein Backblech mit Backpapier auslegen. Die Blätterteigscheiben halbieren und jede Teigportion auf einer bemehlten Arbeitsfläche quadratisch ausrollen. Die Äpfel schälen und mit einem Rundstecher die Kerngehäuse großzügig entfernen.

Je 1 Apfel in die Mitte einer Blätterteigscheibe setzen und mit Hackfleisch füllen. Die Teigecken nach oben in die Mitte ziehen und mit einer Hand fest andrücken, sodass die Teigenden überhängen und die Apfelfüllungen zu sehen sind.

Die gefüllten Äpfel auf das Backblech setzen. Das Eigelb mit Butter verquirlen und die „Teigkleider" rundherum damit bestreichen. Das Backblech in den vorgeheizten Backofen schieben und die Blätterteigäpfel etwa 20 Minuten goldgelb und knusprig backen.

LINSENGEMÜSE
mit Gewürzjoghurt

Inspiriert von der indischen Küche, die viele Gerichte mit Linsen zu bieten hat. Das bekannteste Gericht ist „Dal“, Linsen mit Joghurt und Chapati (Brot).

ZUTATEN

150 g rote Linsen
2 Frühlingszwiebeln
1 Knoblauchzehe
1 kleines Stück Ingwer (3 cm)
¼ getrocknete kleine Chilischote
2 EL Pflanzenöl
400 ml Gemüsebrühe
½ kleines Bund Koriander
150 g Naturjoghurt
1 Prise gemahlener Kardamom
1 Prise gemahlener Ingwer
1 Prise gemahlener Kreuzkümmel
Salz
schwarzer Pfeffer aus der Mühle
Saft von einer ½ Zitrone

ZUBEREITUNG

Die Linsen unter fließend kaltem Wasser in einem Sieb gründlich waschen und abtropfen lassen. Die Frühlingszwiebeln putzen und klein würfeln. Die Knoblauchzehe sowie den Ingwer schälen und fein würfeln. Die Chilischote grob zerbröseln.

Das Pflanzenöl in einem Topf erhitzen und darin die Frühlingszwiebeln, Knoblauch, Ingwer sowie die Chili kurz anbraten. Die Linsen hinzufügen, unter Rühren kurz anbraten und mit Gemüsebrühe aufgießen. Die Linsen etwa 15 Minuten garen.

Den Koriander waschen, die Blättchen abzupfen und fein hacken. Den Naturjoghurt mit Kardamom, Ingwer, Kreuzkümmel, Salz, Pfeffer und Zitronensaft würzen. Zuletzt den gehackten Koriander unterziehen. Die Linsen nochmals abschmecken und zum Servieren mit dem Gewürzjoghurt überziehen.

TIPP

Anstatt der einzelnen Gewürze kann die indische fertige Gewürzmischung „Garam Masala“ (übersetzt heißes Gewürz) verwendet werden. Diese besteht meist aus Zimt, Gewürznelken, Kardamom, schwarzem Pfeffer, gemahlener Muskatblüte, Koriander und Kreuzkümmel.

FÜR 2 PORTIONEN

Grünes FISCHCURRY

Es gibt grüne, rote und gelbe Currypasten fertig zu kaufen. Die grüne Paste besteht aus etwa 50 Prozent grünen Chilischoten und ist die schärfste. Die rote Paste ist etwas milder mit geringerem Anteil von rotem Chili – und die gelbe ist eher cremig mild und nicht so scharf.

ZUTATEN

400 g festfleischiges Fischfilet (z. B. Seelachs)

Salz

schwarzer Pfeffer aus der Mühle

Saft von einer ½ Zitrone

1 kleines Stück Ingwer (3 cm)

1 Zwiebel

100 g frische Sojabohnensprossen

2 EL Pflanzenöl

½ EL grüne Currypaste

200 ml Gemüsebrühe (oder auch Fischbrühe)

200 ml Kokosmilch

ZUBEREITUNG

Das Fischfilet waschen, trocken tupfen und in mundgerechte Stücke schneiden. Mit Salz und Pfeffer würzen und mit Zitronensaft beträufeln. Ingwer und Zwiebel schälen und fein würfeln. Die Sojabohnensprossen waschen und abtropfen lassen.

Das Pflanzenöl in einer hohen Pfanne oder im Wok erhitzen und darin Ingwer- und Zwiebelwürfel 1 Minute braten und mit Currypaste verrühren. Mit Gemüsebrühe sowie mit Kokosmilch aufgießen und kurz einkochen lassen. Die Fischstreifen sowie die Sojabohnensprossen hinzufügen und bei kleiner Hitze 3 bis 4 Minuten ziehen lassen. Nochmals abschmecken.

TIPP

Dazu passt Basmati- oder Jasminreis, oder Reisbandnudeln.

ENTENBRUSTFILET
mit Kirschsauce

Das feine und doch kräftige Aroma von Entenfleisch schmeckt wunderbar in Kombination mit Kirsche und Ingwer. Ein Leckerbissen.

ZUTATEN

2 Knoblauchzehen

1 Zweig Thymian

1 Entenbrust (250–300 g)

Salz

weißer Pfeffer aus der Mühle

100 g süße Kirschen

1 EL Rosinen

5 EL Weinbrand

1 kleines Stück Ingwer (3 cm)

3 EL kalte Butter

125 ml Rotwein

2 EL Aceto balsamico (dunkler Essig)

125 ml Hühnerbrühe

ZUBEREITUNG

Den Backofen auf 200 °C Ober-/Unterhitze (Umluft 180 °C) vorheizen. Die Knoblauchzehen schälen und durch eine Presse drücken. Thymian waschen, trocken schwenken, Blättchen abzupfen und grob hacken. Die Haut der Entenbrust rautenförmig einschneiden und mit Knoblauch und Thymian einreiben. Salzen und pfeffern.

Die Kirschen waschen, entsteinen und zusammen mit Rosinen und Weinbrand vermischen. Den Ingwer schälen, fein hacken und in 1 Esslöffel Butter 2 Minuten anschwitzen. Kirschen und Rosinen hinzufügen und so lange rühren, bis die Flüssigkeit aufgesogen ist. Mit Rotwein ablöschen, einkochen und erst dann mit Balsamico beträufeln. Zuletzt die Hühnerbrühe zugießen und alles auf die Hälfte sirupartig reduzieren lassen.

Die Entenbrust mit der Hautseite nach unten in einer Pfanne im Backofen 5 Minuten braten, bis das Fett schmilzt. Dann wenden und in 8 bis 10 Minuten goldbraun braten. Herausnehmen, mit Folie abdecken und gute 5 Minuten nachziehen lassen. Die Sauce mit Salz und Pfeffer würzen und mit 2 Esslöffel kalten Butterstückchen aufmixen. Das Fleisch aus der Folie nehmen und in dünne Scheiben schneiden. Den entstandenen Bratensaft aus der Folie in die Sauce rühren.

BAMI GORENG

Zu den gebratenen Nudeln, wie Bami Goreng aus der indonesischen Sprache übersetzt heißt, passt so ziemlich alles. Hauptsache würzig und viel.

ZUTATEN

100 g asiatische Eiernudeln

Salz

200 g Putenschnitzel

schwarzer Pfeffer aus der Mühle

1 kleines Stück Ingwer (3 cm)

2 Knoblauchzehen

½ rote getrocknete Chilischote

2 Frühlingszwiebeln

3 EL Pflanzenöl

etwa 3 EL helle Sojasauce

ZUBEREITUNG

Die Eiernudeln in siedend heißem Salzwasser 3 bis 4 Minuten kochen. In ein Sieb gießen und abtropfen lassen. Das Putenfleisch in schmale Streifen schneiden und mit Salz und Pfeffer würzen. Ingwer und Knoblauch schälen und in Streifen schneiden. Die Chilischote grob zerkleinern. Die Frühlingszwiebeln putzen und fein würfeln.

In einer hohen Pfanne oder im Wok 1 Esslöffel Pflanzenöl erhitzen und darin die Fleischstreifen 1 bis 2 Minuten kräftig braten, dann herausnehmen. Restliches Pflanzenöl zugießen und darin Ingwer, Knoblauch, Chili und Frühlingszwiebeln kurz braten. Die Eiernudeln dazugeben und mit Salz, Pfeffer und Sojasauce würzen. Zuletzt die Fleischstreifen untermischen und nochmals abschmecken.

GESUND UND VEGAN

FÜR 2 PORTIONEN

TOFUPFANNE
mit Ingwer und Kurkuma

Schnell, einfach und gesund – so kann eine „flotte Mahlzeit“ im Handumdrehen gekocht werden – noch dazu vegan.

ZUTATEN

1 Zwiebel

1 Knoblauchzehe

1 daumengroßes Stück Ingwer

1 rote Paprikaschote

6–8 gelbe Cherrytomaten

400 g geräucherter Tofu

3 EL Pflanzenöl

1 kräftige Prise Kurkuma

Salz

schwarzer Pfeffer aus der Mühle

ZUBEREITUNG

Zwiebel, Knoblauchzehe und Ingwer schälen und fein würfeln. Die Paprikaschote waschen, entkernen und in etwa 1 cm Stücke schneiden. Die Cherrytomaten waschen und halbieren. Den Tofu in 1 bis 2 cm große Stücke schneiden.

In einer großen Pfanne oder im Wok das Pflanzenöl erhitzen. Die Tofustücke darin rundherum goldbraun und knusprig braten, dann herausnehmen. Zwiebel, Knoblauch und Ingwer im Bratensatz mit Kurkuma kurz anschwitzen und Paprikastücke sowie Tomaten hinzufügen. Mit Salz und Pfeffer würzen und eventuell 2 bis 3 Esslöffel Wasser einrühren. Einige Minuten garen lassen und die Tofustücke untermischen. Nochmals abschmecken.

TIPP

Nach Belieben 1 bis 2 Esslöffel Cashewkerne oder Haselnüsse hinzufügen.

FÜR 4 SCHRAUBGLÄSER (Á ETWA 250 ML INHALT)

CHUTNEY
mit Beeren und Ingwer

Ein Chutney, griffbereit aus der Vorratshaltung, schmeckt als Würzbeigabe in einer Sauce, als Dip zu Gegrilltem – oder auch mal „solo" auf Brot.

ZUTATEN

1 Stück Ingwer (etwa 50 g)

400 g rote Zwiebeln

1 kleine rote Chilischote

250 g Rote Johannisbeeren (oder Weiße)

250 g Zucker

150 ml Aceto balsamico bianco

1 TL zerstoßene Pimentkörner

1 TL zerstoßene schwarze Pfefferkörner

1 Gewürznelke

4 EL Cassis (Johannisbeerlikör)

ZUBEREITUNG

Den Ingwer schälen und fein würfeln. Die Zwiebeln schälen, halbieren und in Streifen schneiden. Die Chilischote waschen, entkernen und fein würfeln. Die Johannisbeeren waschen, von den Rispen abstreifen und auf Küchenpapier legen.

In einem breiten Topf den Zucker unter Rühren schmelzen. Ingwer, Zwiebeln und Chili einrühren. Nach und nach 100 ml Wasser und Aceto balsamico bianco hinzufügen. Unter Rühren aufkochen und dabei die Johannisbeeren sowie die Gewürze hinzugeben. Dann bei kleiner Hitze und unter gelegentlichem Umrühren etwa 15 Minuten köcheln lassen, bis das Chutney merklich eindickt.

Noch heiß in die Gläser füllen. Jeden Schraubdeckel mit 1 Esslöffel Cassis ausschwenken, über den Glasinhalt träufeln und luftdicht verschließen. Am besten die Gläser auf den Deckel stellen und abkühlen lassen.

TIPP

Anstatt Cassis gerne Weinbrand, Gin oder Wodka verwenden. Der Alkohol dient nicht nur als Geschmackskomponente, sondern auch zur Haltbarmachung.

STAUB

PFLAUMENKOMPOTT
mit Zimtsahne

Eine leichte, unkomplizierte Nachspeise, die zusätzlich mit Vanilleeis getoppt werden kann.

ZUTATEN

250 g Pflaumen
50 g Zucker
100 ml Rotwein
1 Prise Nelkenpulver
1 kleines Stück Ingwer (3 cm)

ZUM SERVIEREN:

100 g Sahne
1 TL Puderzucker
1 Prise gemahlener Zimt

ZUBEREITUNG

Die Pflaumen waschen, entsteinen und dabei in Hälften schneiden. Zucker mit Rotwein aufkochen und die Pflaumen einlegen. Bei kleiner Hitze etwa 10 Minuten ziehen lassen und dabei mit Nelkenpulver würzen. Den Topf vom Herd ziehen. Den Ingwer schälen, fein reiben und unterrühren.

Zum Servieren die Sahne mit Puderzucker und Zimt steif schlagen. Das lauwarme Kompott in zwei Schalen verteilen und mit Zimtsahne überziehen.

VARIANTE

Die frischen Pflaumen entkernen und statt dem Kern eine Mandel einsetzen. In eine gebutterte Auflaufform setzen, mit Zucker bestreuen und mit frisch geschabtem Ingwer würzen. Butterflöckchen darauflegen und im vorgeheizten Backofen bei 200 °C Ober-/Unterhitze (Umluft 180 °C) gute 10 Minuten backen lassen. Mit Zimtsahne und Vanilleeis servieren.

MANGO-INGWER-LASSI

Da Indien zu den Hauptproduzenten von Ingwer gehört, kommt auch das indische Nationalgetränk Lassi nicht ohne „Ginger" aus. Je nach Belieben die Menge des frisch geschabten Ingwers erhöhen.

ZUTATEN

1 reife saftige Mango

1 Stück Ingwer (etwa 4 cm)

150 g Sahnejoghurt natur

4 Eiswürfel

ZUBEREITUNG

Die Mango schälen und das Fruchtfleisch vom Kern schneiden. Den Ingwer schälen und grob zerkleinern. Mangofruchtfleisch und Ingwer mit dem Naturjoghurt im Küchenmixer kräftig aufmixen und pürieren.

Die Eiswürfel in zwei Gläsern verteilen und mit Mango-Lassi aufgießen.

VARIANTE

Auch andere Früchte wie Orangen, Bananen, Avocados, Äpfel und Birnen passen aromatisch wunderbar zu Ingwer.

TIPP

Nach Belieben mit 1 Prise gemahlenem Kardamom, Zimt oder Ingwer bestäuben.

FÜR ETWA 40 KEKSE

INGWERKEKSE
mit Vanilleduft

Zur Tasse Kaffee oder zum Tee ist es immer schön, einen Keks bereit zu haben. Ob die würzig süßen Mundhappen nun rund, eckig oder mit Ausstechmotiven in Form gebracht werden, ist ganz individuell wählbar.

ZUTATEN

80 g zimmerwarme Butter

120 g Zucker

1 TL Ingwerpulver

Mark von einer ½ Vanilleschote

1 Ei

3 EL Sahne (oder Milch)

½ Päckchen Backpulver

300 g Mehl

ZUBEREITUNG

Mit einem elektrischen Rührgerät in einer Schüssel Butter, Zucker, Ingwerpulver, Vanillemark, Ei und Sahne schaumig aufschlagen. Das Backpulver mit Mehl versieben und unterkneten.

Den Backofen auf 180 °C Umluft vorheizen und ein Backblech mit Backpapier auslegen. Den Teig auf einer bemehlten Arbeitsfläche etwa 5 mm dick ausrollen und Kreise von etwa 5 cm ausstechen. Diese auf das Backblech geben und im vorgeheizten Backofen knapp 12 Minuten goldgelb backen. Gut auskühlen lassen und erst dann luftdicht verschlossen in einer Keksdose aufbewahren.

VARIANTE

Die Kekse können zusätzlich glasiert werden. Dazu einfach 150 g Puderzucker mit 1 Esslöffel Zitronensaft und etwas frischem geschabten Ingwer oder Ingwerpulver verrühren. Je nachdem, ob Pulver oder frischer Ingwer verwendet wird, eventuell noch ½ bis 1 Esslöffel Zitronensaft mehr dazugeben. Die Kekse damit glasieren und trocknen lassen.

TIPP

Das Ingwerpulver kann durch 1 Esslöffel frisch geschabten Ingwer ersetzt werden.

ÜBER DIE AUTORIN

Rose Marie Donhauser arbeitet seit 1988 als Food- und Reisejournalistin, Restauranttesterin und sehr erfolgreiche Kochbuchautorin. Viele Bücher erhielten Auszeichnungen, wie z. B. Silbermedaillen der Gastronomischen Akademie Deutschlands, Goldene Lorbeeren aus der Schweiz oder Gourmand World Cookbook Awards. Die gelernte Köchin, die in Berlin lebt, ist dem Genuss und der Gesundheit immer auf der Spur. Unterwegs auf Gourmetreisen in der ganzen Welt, holt sie sich Anregungen und setzt die Ideen in Rezeptentwicklungen um.

www.donhauser-essklasse.de

DANKSAGUNG

Als Restauranttesterin bin ich regelmäßig in Berlin unterwegs. Speziell für das Thema Ingwer habe ich in einigen Restaurants gute Ideen aufgeschnappt. Da ich nicht alle kulinarischen Hochburgen aufzählen kann, gilt hiermit mein allgemeiner Dank: Berlin ist kulinarisch einfach spitzenmäßig „jut".

IMPRESSUM

Bibliografische Information der Deutschen Bibliothek.

Die Deutsche Bibliothek verzeichnet diese Publikation in der Deutschen Nationalbibliografie.

Detaillierte bibliografische Daten sind im Internet über http://www.d-nb.de/ abrufbar.

EIN BUCH DER EDITION MICHAEL FISCHER

1. Auflage 2018

Donnersbergstr. 7, 86859 Igling

Covergestaltung: Rebecca Leiner

Redaktion und Lektorat: Anne-Katrin Brode

Produktmanagement: Natascha Mössbauer

Reihenlayout: Rebecca Leiner

Satz: Mirjam Oppelt

Fotos: Tina Bumann, Bretten

Illustrationen: Nelli Braun

ISBN 978-3-86355-928-1

Gedruckt bei Polygraf Print, Čapajevova 44, 08001 Prešov, Slowakei

www.emf-verlag.de

REGISTER

Koch mit ...

1 ZUTAT
25 REZEPTE

€ 9,99 (D), € 10,30 (A),
ISBN 978-3-863**55-793**-5

€ 9,99 (D), € 10,30 (A),
ISBN 978-3-863**55-791**-1

€ 9,99 (D), € 10,30 (A),
ISBN 978-3-863**55-792**-8

€ 9,99 (D), € 10,30 (A),
ISBN 978-3-863**55-781**-2

€ 9,99 (D), € 10,30 (A),
ISBN 978-3-863**55-927**-4

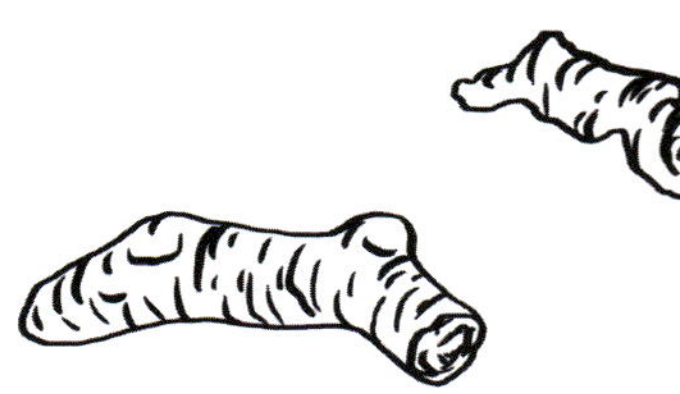

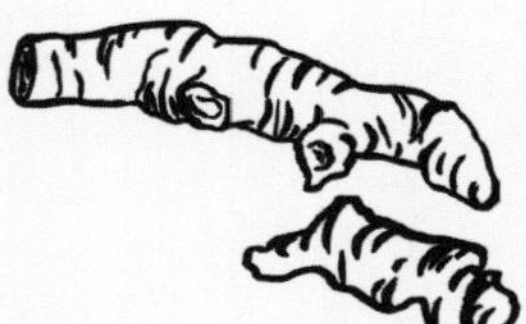